EL ARTE
DE SER
UNO MISMO

14 de febrero de 1992

PATRICE RICHARD

EL ARTE DE SER UNO MISMO

EDICIONES OBELISCO

Si este libro le ha interesado y desea que le mantengamos informados de nuestras publicaciones, escríbanos indicándonos qué temas son de su interés (Astrología, Ciencias Ocultas, Artes Marciales, Naturismo, Espiritualidad, Tradición, Trabajo Social) y gustosamente le complaceremos.

Colección Nueva Consciencia
El arte de ser uno mismo
Patrice Richard

1.ª edición: octubre de 1991

Portada de María Dolores Alcalá
Traducción de Juli Peradejordi

Edita: Ediciones Obelisco, S.A. Consell de Cent, 591, 4.º
08013 Barcelona

Depósito Legal: B. 38.063 - 1991
I.S.B.N.: 84-7720-201-X

Printed in Spain

Impreso en España en los talleres de Romanyà/Valls, S.A., de Capellades

MEDITACION I

De la errancia humana

Podemos ir
a los cuatro extremos del mundo
y a otros planetas,
al final nos encontraremos
con nosotros mismos.

Podemos recorrer el universo entero.
Siempre estaremos
en el mismo lugar:
en nosotros mismos.

Incluso después de la muerte,
lo que se descubre
no es otra cosa sino
nosotros mismos,
pero sin el cuerpo...

A fin de cuentas,
¿dónde podemos ir,
sino a nosotros mismos?

Del despertar al mundo interior

Cuando hablo de ir a nosotros mismos,
me refiero a ese espacio
que se sitúa más allá
del cuerpo,
de lo vital
y de lo mental,
ese espacio de consciencia pura
donde todo es calmo y feliz.

Hay que cuidar
el estar siempre centrado,
y conservar el propio centro.

El mundo es tan rico y variado,
tiene tantas cosas que proponernos
que muy rapidamente
nos descentramos, salimos de nuestro centro y nos perdemos.

Desde que salimos de nuestro centro
ya no somos nosotros mismos,
sino una marioneta
que habla, actúa,
creyendo sinceramente
en lo que dice y hace
y no dándose ya cuenta
de que es manipulada
por los hilos del mundo.

La vida del mundo es un torbellino
que nos arrastra
si no estamos centrados.

Estar en nuestro centro
consiste en ser conscientes
de que este torbellino es exterior a nosotros,
exterior a nuestra consciencia,
incluso si estamos dentro de él.
Este torbellino es ilusión
en el sentido de que puede desaparecer
en cualquier instante.
El centro, sin embargo, no cambia.
Es calmo y alegre.
Permanece más allá de todo movimiento.

En el momento de la muerte del cuerpo,
quiere decir ser consciente
de que ese centro es Uno mismo,
nuestra naturaleza profunda,
y que ese torbellino
es exterior
e independiente de Uno mismo.

Querer cambiar o detener este torbellino
es un error.
Ese torbellino es nuestra prueba.
El torbellino existe.
Hay que partir de esa realidad
y comprender que nos situamos
más allá de ella.
Es esta realidad —que está más allá—
de lo que debemos ser más y más
conscientes.

Cuando hemos tomado consciencia totalmente
de Ello,
sentimos entonces que existimos
y que todo es perfecto.

No hay absolutamente nada que cambiar.
Los dos mundos coexisten en la unidad,
en la más perfecta armonía.

Percepción del mundo/realidad

Algunas personas quieren cambiar el mundo.
¿Por qué querer cambiar el mundo?
El mundo es perfecto tal como es.
Si alguien intenta cambiar el mundo,
el mundo lo mata.
Pues el mundo no quiere cambiar.
Hay que comprender bien esto.

Si el mundo cambiara,
ya no sería el mundo.
El mundo debe existir
tal como es.

Si algo debe cambiar,
es uno mismo.
Entonces el mundo cambiará.

En el fondo,
el mundo no existe.
No es sino el reflejo
de lo que somos.
Si somos feos, el mundo se vuelve feo.
Si somos bellos,
el mundo se vueve bello.

El ignorante dice:
«No creo en lo invisible,
en el alma, en Dios
Sólo creo en lo que es tangible.
Cuando mis pies tocan el suelo,
es algo tangible y creo en ello.»

Es cierto.

Pero, ¿sobre qué reposa la tierra?

Cuando nunca se ha tenido acceso al mundo interior,
sólo se cree en el mundo exterior.
Es una actitud natural.
En la Edad Media no se podía creer
que los hombres irían a la luna.
Parecía algo impensable, utópico,
pura imaginación, locura.
Antes del descubrimiento de América
No se imaginaban que pudiera haber
otra vida
del otro lado del océano.
Y sin embargo...

El mundo interior existe,
más real que el mundo exterior.
Pero hay que abandonar
el puerto de nuestras costumbres,
embarcarse y atravesar
el océano del vacío y de la oscuridad,
antes de descubrir
la tierra nueva y luminosa del alma.

Allí
se halla
la Alegría luminosa.

Al principio del trabajo alguien dice a veces:
«Veo cosas en mí, pero de hecho ya lo sabía.
Nada nuevo.
¿Qué es este trabajo?
¿Para qué sirve?

Lo que ocurre, es que el principio del trabajo
es una especie de revisión de cosas que ya conocemos.
No se descubre nada desconocido.
Aunque el punto más importante
no es tanto lo que se descubre,
como el ángulo bajo el cual lo descubrimos.
Es esto lo que es nuevo;
y hay que ser consciente de ello.
Si el ángulo es diferente,
podemos vernos diferentemente.
El hecho, el recuerdo, son los mismos,
pero su comprensión es distinta:
más profunda, más rica de sentido.
De este modo puede emerger una nueva
consciencia de nosotros mismos.

Autoconocimiento

Importancia de la M.I. frente la M.E.

Al principio empezamos con la idea
de que todo trabajo merece una recompensa,
de que todo esfuerzo ha de ser recompensado.
Si no, ¿por qué actuar?
Realizar un trabajo sobre uno mismo sobreentiende
que vamos a cambiar, evolucionar, transformarnos,
—lo cual es cierto,
como podemos comprobar por los resultados—.
Pero luego hay que saber
abandonar el concepto de «recompensa»,
si no, se convierte en un obstáculo aún mayor.
Hay que esforzarse,
proseguir sin detenerse,
sin esperar nada a cambio.

Si hay una recompensa, ¡tanto mejor!
Nos llenaremos de gratitud.
Ni no hay nada, ¡tanto mejor!
Nos llenaremos de gratitud.

Prevención de Recaídas

Hay momentos en los que,
en el trabajo,
encontramos y descubrimos
muchas cosas a propósito de nosotros
y tenemos la sensación de progresar.
Pero también se atraviesan momentos
de desierto.
Avanzamos, avanzamos y nada...
No pasa nada.
No hay que descorazonarse o detenerse
bajo el pretexto de que no hay nada:
no es más que una sugestión del mental impaciente.
Hay que continuar
con confianza.
Como un barco que atraviesa el océano,
día tras día, no vemos nada,
sino el azul del infinito.
Tenemos la sensación de estar perdidos.
Sin embargo, no es así.
Cada día, cada hora, cada segundo,
el barco se está acercando a su destino.
Basta con tener confianza,
y continuar siempre
en la misma dirección
hasta ver aparecer en el horizonte
la tierra nueva.

Un pez no es consciente de vivir en el agua.
Sólo cuando sale de ella se da cuenta
del nexo que tenía con el agua.
Lo mismo ocurre con nuestras pasiones:
estamos sumergidos dentro de ella.
Si intentamos alejarnos de ellas,
nos sofocamos o tenemos la impresión
de que vamos a morirnos;

entonces nos damos cuenta
de que se puede respirar aire fuera del agua
y de que no nos morimos.
Al contrario, nos sentimos más libres,
al ser el aire que nos rodea menos denso que el agua.
Hemos nacido a una nueva manera de Ser.

Si abandonamos el mundo de los placeres,
nacemos al mundo de la Alegría.

Si abandonamos el mundo de las pasiones,
nacemos al mundo del Amor.

El proceso de la interiorización requiere
una cierta renuncia a las cosas exteriores.
Son «nos» que hemos de oponer
a una cierta manera de ser
que impide la evolución de la consciencia.
Pero también hay que ver que la renuncia
debe acompañarse con una apertura a otra cosa.
En última instancia, esta cosa es Dios.
Este «sí» interior ha de germinar
y crecer hacia Dios.
Este «sí»,
es un grano sembrado
en el cielo de la tierra.

No hay que temer
dejarse caer hacia el fondo de uno mismo.
No hay ningún peligro de hacerse daño,
cualquiera que sea la altura desde la que caigamos,
pues este fondo no tiene fondo.

En el momento en que tocamos fondo
entramos en un espacio infinito,
silencioso,
calmo y gozoso.

MEDITACIÓN II

Del saber y del conocimiento

No es necesario saber,
acumular saber
por adelantado.
Basta con estar atento
a lo que ocurre en la vida
poco a poco,
la verdad se revela.
Hay que estar atento a los signos.
No hay que prever nada,
sólo estar atento,
a la escucha.

No hay que intentar saber demasiado
pues a menudo el hecho de saber —mentalmente—
se convierte más en un obstáculo que en una ayuda.
Hemos de conservar una parte de no-saber,
de ignorancia.

Esta forma de ignorancia es conocimiento.

Si decimos que sabemos,
es que no sabemos nada.

Sólo se sabe
cuando no se sabe.

Saber
es tomar consciencia
de que, de hecho, no sabemos nada.
Es verse en esta desnudez total
y sentir, súbitamente, en sí,
que «algo» sabe.

Este es
el descenso a la consciencia pura
en el mental.

Esto es
la intuición.

Es más difícil saber
qué es la verdad
que saber qué es el error.
Requiere una espera,
una decantación,
más o menos larga.

Pero siempre,
si esperamos
el tiempo necesario,
llega la Respuesta.

Llega un momento
en el que la Consciencia se ha estabilizado
lo suficiente para saber
que estamos en el error.
Como una luz
se enciende en nosotros.
Sería una regresión
no escuchar esta luz.

El verdadero conocimiento
es no intentar
saber
lo que no nos concierne
y estar atento
a lo que nos concierne.

Aquel que conoce esta verdad
tiene éxito en todo lo que emprende
en la quietud del espíritu
y la alegría del corazón.

Del conocimiento de sí mismo y de los demás

En el momento de la muerte
todas las ilusiones
a propósito de nosotros mismos
se desvanecen
como máscaras
y nos vemos
tal como somos.

Aprender a conocernos
es aprender a vernos
tal cual somos,
como en el momento de la muerte.

En el momento de la muerte
todo desaparece:
nuestro cuerpo físico,
puede estar en buena o mala salud,
nuestra capacidad de disfrutar
o de sufrir,
nuestro conocimiento
y nuestra ignorancia.
Sólo queda lo que nunca nace
y nunca muere.
De este centro
tenemos que tomar
consciencia,
ahora,
pues es nuestra naturaleza real.

Toda teoría
carece de valor
si no desemboca en la experiencia
de una realidad concreta,
si no queda algo mental.
Y lo mental no es la totalidad del Ser,
sino sólo una parte;
una parte superior
a la física y a la vital,
ciertamente,
mas inferior al Ser.
Pero el objetivo
es vivir con el Ser.

El vital y el mental ocultan siempre
detrás de bellos ideales
intereses múltiples
por sutiles que estos sean.

Sólo la consciencia es totalmente desinteresada.
Y es lo que debemos seguir.

La flecha va recta al objetivo
No zigzaguea.
Si queremos alcanzar
el centro de la consciencia pura,
hemos de ser como la flecha.
Si zigzagueamos, nos perdemos en la oscuridad.

Caminar hacia la oscuridad
cuando creemos caminar hacia la luz
es lo peor que podría ocurrir;
pues ya no es caminar hacia la oscuridad
si no hacia las tinieblas.

Importancia de las tareas para casa

Escuchar, apreciar, admirar, amar
a un virtuoso del piano
es bonito,
pero no quiere decir
que seamos nosotros mismos
un virtuoso.

Escuchar a un maestro está bien,
pero no nos dispensa
de empezar al trabajar sobre nosotros mismos.

Aquel que se conoce
puede ayudar a los demás.

No podemos ocuparnos de los demás
si no nos hemos ocupado de nosotros mismos.
Debemos, en primer lugar, ocuparnos de nosotros mismos.
Pero ocuparse de uno mismo no es la finalidad
Llega un momento en el que nos damos cuenta
que ocuparnos realmente de nosotros
es ocuparnos de los demás.
Entonces ya no nos ocupamos de nosotros mismos,
nos ocupamos totalmente de los demás.
Sólo a partir de este momento
podemos hablar de don,
un don limpio
de todo interés,
de todo egoísmo,
de toda huída,
de toda compensación.

No escuchar a los que nos critican.
No escuchar a los que nos alaban.
No escuchar a los que intentan hundirnos.
No escuchar a los que intentan elevarnos.
No escuchar a los que nos ven como un demonio.
No escuchar a los que nos ven como un ángel.

No escuchar
ni a unos ni a otros
es estar desapegado.

Si es peligroso
no querer ser
más que un animal,
es peligroso
no querer ser
más que ángel.

Hay una diferencia
entre tener virtud
y ser virtuoso.
En el primer caso
intentamos adquirir,
poseer;
en el segundo
simplemente
intentamos ser.

Algunos buscan la Virtud
y no ser virtuosos.
Son como monos:
imitan,
pero no son aquello que imitan.

Esta virtud no es sino un rol.

Imitan la Virtud
pero no son virtuosos.

No hay que buscar
el reconocimiento del mundo.
Sólo crea decepción e ilusión.
Hay que buscar,
conocerse.
Cuando nos conocemos,
el mundo nos reconoce.

Nada hay que buscar
cuando nos hemos encontrado.
Ni siquiera hay que buscar a Dios.
Es Dios quien nos encuentra.
Da Su gracia
cuando quiere
a quien quiere.
Entonces,
silenciosa y gozosa,
el alma brilla
como una estrella
que siente
su soledad
y su unión.

No hay que buscar
ser diferente de lo que se es.

Estamos muy bien
tal como somos.
Querer ser diferente
no hace
sino crear tensión.

Lo que es importante
es aceptarse
tal como se es.

Y confiar en Dios.

La aceptación es la acción
del ser humano.
La transformación es la acción
del Divino.

De la acción

Creemos que es necesario
hacer mucho.
Es un error,
lo que es importante,
es hacer lo justo,

ser justo.

Hacer
cuando la vida
pide que hagamos.

No hacer nada
cuando la vida
pide que no hagamos nada.

Esto parece sencillo
y lo es;
pero es muy difícil de seguir.

Requiere humildad.

Es bueno hacer
lo que hay que hacer
cuando ha de ser hecho.

Hacer antes,
es demasiado pronto.

Hacer después,
es demasiado tarde.

Hay que aprender a armonizarse con el reloj
del Tiempo cósmico.

Cualquier cosa que hayamos hecho,
no es nada.
Lo que es importante
no es lo que hemos hecho
sino lo que queda por hacer.

Nunca habremos acabado.
Siempre hay que volver a empezar,
intentando cada vez
ser más puro.

Conservar el espíritu intacto
como el recién nacido,
fresco como el día que nace.

Cuando ya no hay nada que hacer
el espíritu puede agitarse, rebelarse,
pues el ego no está a gusto.
No moverse.
Quedarse en frente.
Entonces podemos tener acceso a una verdad
más profunda de nosotros mismos.

Sólo hay una cosa por hacer
cuando todo ha sido hecho
en el orden de lo cotidiano terrestre:
es sumergirse
en el silencio interior.

Allí
nos espera otro mundo
de otra geografía,
de otro ritmo de tiempo.

Es, en cierto modo,
dejarse morir
conscientemente,
desaparecer Siendo.

Del apego y del desapego

El apego,
es tener miedo de perder

un ser,
un objeto,
una situación.

Aquel que, en cualquier instante,
está dispuesto a perder
lo que tiene,
lo que quiere
y lo que sabe,
no puede tener miedo.

Este está desapegado.

Se puede estar apegado
a no querer estar apegado.

Cuando se está desapegado,
no es necesario
retirarse del mundo para encontrar a Dios.
Se puede estar en el mundo.
Pues si se está —realmente— desapegado,
se esté en el mundo
o fuera del mundo,
es lo mismo.
Ya no se está, en efecto, ni en el mundo,
ni fuera del mundo,
se está con Dios.

MEDITACIÓN III

Del Deseo

El deseo puede revestir diferentes formas:
puede ser el deseo sexual,
el deseo de poseer,
el deseo de mandar,
el deseo de ser reconocido,
el deseo de comer bien,
y otros aún...
No son más que formas distintas
de una misma cosa: el Deseo.

De esos deseos que se pegan al alma
como si fueran chiclé,
de esos se trata
de desembarazarse.

Desear encontrar a Dios,
el satori, la iluminación
o el Reino de Dios,
poco importa...
todavía es desear.

El deseo siempre es
querer coger.

Y de lo que se trata
es de dar.

De la purificación

Cuando vemos hasta qué punto nuestro corazón
está infectado por el deseo
de poseer y de gozar,
entonces buscamos
purificarnos constantemente.

Cuando nos ocupamos
de purificarnos,
pronto dejamos
de criticar a los demás.
Porque vemos quiénes somos
y tenemos ganas de callar.

Además, aquel que critica a los otros
muestra cuán lejos está
de conocerse a sí mismo.

Cuando queremos purificarnos,
hemos de cuidar
de no crear una tensión demasiado grande
entre el deseo de purificación
y nuestra propia naturaleza,
tal como está en ese momento.
Si no, la tensión creada
que puede ser mantenida durante un tiempo
por la voluntad
en un momento dado ha de ser abandonada
y provoca el efecto contrario
de avidez, de desarreglo de los sentidos.

Si queremos que haya
un cambio duradero
que arraigue en la totalidad del ser,
hay que ir lentamente,
respetar nuestra naturaleza
y no seguir el deseo del ego.

No se trata de realizar proezas
y volver atrás,
desde el punto en el que estábamos.
Se trata de una transformación progresiva
en una nueva manera de ser
donde no hay retorno hacia atrás.

En este trabajo no hay que tener
un espíritu que quiere obtener.
Sólo hay que purificarse
de nuestros deseos y de nuestro egoísmo.

Y estar lleno de gratitud
cuando Dios nos concede
su Gracia.

Querer alcanzar al Divino
es un obstáculo mayor.
Lo que hay que hacer
es purificarnos
y tener confianza.
La experiencia demuestra que
el Divino baja a nosotros
cada vez que nos purificamos.

Este descenso del Divino a nosotros
es ineluctable,
cuando hay purificación.
Además, hay que saber
que no siempre se percibe
este descenso del Divino.
Puede permanecer inconsciente,
sin alcanzar el umbral de la consciencia.
Lo que es debido a una falta
de sutileza o de atención.

Cuanto más nos purificamos,
más sutilmente nos volvemos sensibles
a esta vibración del Divino
y más capaces somos
de percibir a este Divino.
Ello proporciona un gran sentimiento de paz,
pues nos sentimos religados, unidos, universales,
más allá de toda contradicción.

La pureza,
es la simplicidad.

Ser simple.

Del sufrimiento y de la alegría

Hay que distinguir
entre el sufrimiento que viene de Dios
y el sufrimiento
que viene de uno mismo,
creado por el deseo.

Uno es purificación
y elevación del alma.
El otro es embotamiento
y apego a la materia.

Siempre revivimos
a nivel de sufrimiento
las mismas cosas
pero en una consciencia
cada vez mayor.
Al principio el sufrimiento
es como un bastonazo
que nos aporrea.
Luego se convierte
en un cuchillo
que hiere sutilmente.
Este sufrimiento
grosero, incomprensible,
al hacerse más sutil
empieza a adquirir un sentido.
Nos damos cuenta de que el sufrimiento
no es gratuito o injusto,
pero que al contrario
es la labor necesaria
para hacer el terreno
más receptivo, más acogedor.
Entonces pueden ser sembrados los granos
de una nueva consciencia, de una nueva acción,
de una nueva fase de nuestra vida,
de una nueva vida.

El sufrimiento es una gracia,
una bendición divina.

Lo cual no impide que este sufrimiento,
cuando está aquí,
sea pesado de soportar.

Cuando el dolor del sufrimiento
llega a uno,
sin tener lazo alguno
con los acontecimientos exteriores,
no hay que hacer nada
por evitarlo
por suprimirlo.
No hay que buscar ningún remedio.
Este sufrimiento es una gracia.
Este sufrimiento es una visita de Dios.
Simplemente
sentir la Presencia Divina
a través del sufrimiento,
y esperar con confianza:
este sufrimiento,
por agudo que sea,
es purificación del alma.

Hay momentos
en que caemos
muy bajo.
Es inevitable. Pero pronto
volvemos a ascender
aún más arriba
que antes.
Es inevitable.

Cada vez
nos acercamos más
a la luz.

Así es el camino.

Ocuparnos
de lo que no nos concierne
crea sufrimiento.

Ocuparnos
de lo que nos concierne
crea alegría.

La alegría exhuberante
no viene del Ser,
mas es expresión del vital.
La verdadera alegría no es
como unos fuegos artificiales,
es un borrarse.

La verdadera alegría es humilde.

Del don y del amor

En cuanto actuamos por interés,
nos extraviamos.
Pues se debe actuar
no para ser más,
para ganar,
sino para ser menos,
para disminuir
en las cosas del mundo.
Se debe actuar
no para permanecer
sino para desaparecer.

Aquí,
sólo estamos de paso.

Ya nos gusta dar
y ser generosos,
pero sólo
cuando no nos molesta.
Este modo de dar
es pobre
y egoísta.

Hay que aprender a dar
cuando nos cuesta.

Entonces el don tiene un valor.
Entonces realizamos
un acto de Amor.
Realizamos nuestra naturaleza profunda,
que es Amor,
desinterés total.

Cuando el don viene de sí mismo,
viene del ego;
aunque pueda parecer generoso,
ese don es egoísta.
Sólo el don que viene del Ser
es puro.

No se puede dar.
Es Dios quien da
a través nuestro.

Dar
también es aceptar
recibir del otro.

Dar
también es recibir.

Dar es positivo.

El espíritu de compasión
no es el espíritu de conquista.

Dar está bien;
pero si se hace
con espíritu de conquista,
con un interés cualquiera,
el don es positivo para el que lo recibe
pero negativo para el que da,
pues de hecho sólo es
una manera sutil de mantener nuestro ego.

El don verdadero es sacrificio,
es muerte del ego,
es desinterés total.

Las más de las veces, el don no ha de venir
de nuestro propio deseo,
sino cuando se nos pide.

De hecho las preguntas:
¿A quién dar? ¿Qué dar?
¿Cómo dar? ¿Cuándo dar?
son falsas preguntas mentales.
Si realmente tenemos algo que dar,
la vida crea las situaciones
en que nos vendrán a pedir.
Y entonces hay que dar,
estemos de acuerdo o no.

Si no se nos pide nada,
no hemos de intentar dar.
Pues el resultado sería el contrario
a lo que se había deseado.

Ser simplemente,
en un estado abierto,
a la escucha
de lo que es.

El verdadero Amor no es
«te amo»
sino «amo».

El Amor
es superior
a la Consciencia.

La Consciencia
puede unir,
pero también separar

El Amor
más allá de todo,
une.

No hay obstáculo.
Basta con ser fluído
como el agua.
Casarse con las formas que encontramos
e ir con ellas.
Entonces lo que llamamos «obstáculos»
se convierte en algo complementario.
Esta unión es armonía.

Esta unión es Amor.

MEDITACION IV

Del alma y del cuerpo

Armonizar con el alma
lo que tiene que armonizar con ella.
Armonizar con el cuerpo
lo que tiene que armonizar con él.

Esta es la sabiduría elemental.

No considerar nunca
las necesidades del alma
como superiores
a las necesidades del cuerpo,
ni las necesidades del cuerpo
como superiores
a las necesidades del alma.

El alma y el cuerpo
tienen ambos su propias necesidades.
Y sólo respetando sus necesidades recíprocas
puede existir
la Armonía.

Del mismo modo que se alimenta el cuerpo
se debe alimentar el alma.

El cuerpo necesita acción.
El alma necesita meditación.

Hay que equilibrar
acción y meditación.

Estos pasos por la tierra
sólo son medios
para purificarnos.

Y acercarnos
más y más
a Dios.

La reencarnación sirve para posibilitar
el aumento de la luminosidad del alma,
con el peligro de caer más abajo,
pues el ser humano no es libre
de evolucionar o de regresar.
Mientras que nos reencarnemos
es que no hemos alcanzado
esa intensidad de luminosidad última.

El alma siempre es pura
pero de una intensidad y de una luminosidad variables.
El alma aspira, en su pureza,
a la intensidad de la luminosidad última;
punto en el cual se confunde con Dios.
Entonces ya no es necesario reencarnarse.

De lo humano y de lo divino

Todo lo que es humano,
por grande que pueda ser,
es pequeño

ante lo que es Divino.

Mientras estamos sobre la Tierra,
somos humanos.
Incluso si tenemos acceso al Divino
permanecemos humanos,
con todas las características
propias del ser humano.
Sólo después de la muerte
reencontramos nuestro estado
puramente Divino.

Una de las grandes cuestiones
es poder discernir
entre el ego y el no-ego.
Ver si es el yo
el que quiere expresarse
con lo que tiene de personal, de exigente, de egoísta,
o el Divino
a través del yo;
no siendo este yo más que un simple instrumento
al servicio de algo que le sobrepasa.

El último camino
es hacer
sin hacer.
Entonces algo se hace.
Esa es la expresión
de lo divino a través de lo humano.

Cuando hablo del Divino, de Dios,
no pienso en una persona
sino más bien en una Presencia,
en algo que de repente
hace que la vida
adquiera su sentido, pleno,
más allá de todo razonamiento.
Incluso lo absurdo de la vida desaparece.
Sin embargo, nada cambia
exteriormente.
Es un cambio interior.
Un sentimiento inamovible,
que no se puede arrancar, sin razón,
algo que está allí,
que hace que la vida sea,
más allá de toda incertidumbre,
certidumbre,
más allá de toda duda, fe,
más allá de todo temor,
confianza.
Se es transparente a la vida
y en esta transparencia
hay una aceptación total de todo,
una tranquilidad,
una alegría indecible,
que no viene de ninguna parte
y de todas partes.
Eso es el Divino.
Eso es Dios.

Venimos de Dios.
Volvemos a Dios.

No hay ninguna duda
al propósito.

De la experiencia del divino

Para que la experiencia del Ser llegue,
hay que detener el querer
que la experiencia llegue,
sinó este simple querer
se convierte en un obstáculo.
Y si se decide no querer,
la decisión de no querer
se convierte en obstáculo.
Hay que aceptar que la experiencia
pueda ser
o no ser.
Simplemente hay que estar receptivo a lo que es,
permeable a lo que está aquí.
Entonces estamos en la experiencia del Divino,
si Dios quiere.

Cuando se entra en la experiencia del vacío
se está en el comienzo de la experiencia de Dios.
Pero hay que tener consciencia de ello,
saber que existe,
creer que existe,
si no el vacío es percibido como nada.
Al no tener la nada ningún sentido,
regresamos a los sentidos
y perdemos la esencia.

La experiencia del Ser
es algo sutil,
es nuestra «grosería»
lo que nos impide tomar consciencia de ello.
Nuestra grosería es el goce de los sentidos.
Basta con purificarse un poco
para sentir enseguida
la realidad del Ser.
Sin embargo, no hay que creer
que baste con purificarse un poco
y que luego podremos volver
al goce de los sentidos.
No hay retorno posible.
Si regresamos
perdemos la consciencia
de la Realidad del Ser
y nos hallamos vacíos
con nostalgia
de algo que hemos conocido
y perdido.
No hay vuelta atrás posible.
Hemos de elevarnos
al plano de la Realidad del Ser
y mantenernos
observando el titilar de los sentidos
que en ello se produce.
Es un combate perpetuo,
sin tregua,
hasta la realización última.
Allí, la consciencia
permanece
en una tranquilidad inmutable.

¿Cómo sabemos
que hemos experimentado al Divino?

Porque lo sentimos.
es un estado distinto
más allá de toda forma
en el que sólo queda
una alegría inmensa.
Más allá de todo lo humano, se ES.
Se tiene el sentimiento
de Ser,
de haber sido
y de que siempre se será.
Todo lo que nos rodea
está aquí,
pero todo es exterior,
incluso nuestro propio cuerpo.
Se siente uno desapegado de todo,
increiblemente lejos de todo
y al mismo tiempo
completamente presente, aquí,
en medio, en el centro de todo.
Ya no se existe
y se existe totalmente.

¿La experiencia del Divino?

Es un silencio inmenso que planea
sobre todas las cosas.

Es algo dulce
que llega sutilmente.

Es sentirse en el centro de todo,
un todo que no es nada
en el sentido que
ya no hay nada tangible.

Es estar preparado
para que el cuerpo muera
en cualquier instante
teniendo la certidumbre
de que después de esta muerte
algo permanece,
algo que no muere,
algo que es inmutable.

Es tener ganas de reír
sin razón alguna,
de amar
sin razón alguna,
de estar aquí
sin razón alguna, en una Alegría sin razón,
es sentir
que ya no somos materia sólida
sino energía fluída
como el agua.
Luego
vapor inmaterial y transparente.
Es sentirse flotar
como vapor.

Es sentirse
inalterable,
invencible,
y, al mismo tiempo,
frágil,
vulnerable.

Es sentir,
en una risa gozosa,
que la vida
es una gran broma,
un juego absurdo y divertido.

Es mucho más
de todo lo que puede imaginar
el ser humano a propósito de la verdad.
¡Es tan simple!
De una simplicidad indescriptible.
¿La experiencia del Divino?

Silencio
Inmensidad
Alegría
Extasis
Beatitud
Esplendor.

ÍNDICE

Febrero 92